Inhalt

Der Euro unter Druck - zur Freude der Exportwirtschaft

Kernthesen

Beitrag

Fallbeispiele

Weiterführende Literatur

Impressum

Der Euro unter Druck - zur Freude der Exportwirtschaft

R.Reuter

Kernthesen

- Europas Gemeinschaftswährung hat gegenüber dem Dollar, dem Yen und dem Schweizer Franken deutlich an Wert eingebüßt.
- Die Entscheidung der 16 Euro-Länder, angeschlagene Mitgliedsstaaten im Notfall vor dem Bankrott zu retten, hat die Abwärtsbewegung des Euro zunächst einmal eingedämmt.
- Der exportorientierten deutschen Wirtschaft macht die Euroentwicklung keine Sorgen, da sie ihre Waren hierdurch

sowohl in den USA als auch in China noch günstiger anbieten kann.

Beitrag

Euro im Sinkflug

Die Misere der griechischen Staatsfinanzen hat dem Euro einen stetigen Kursrückgang gegenüber dem Dollar eingebrockt. Derzeit müssen für einen Euro etwa 1,34 Dollar bezahlt werden. Das Rekordhoch hatte die europäische Gemeinschaftswährung 2008 erreicht, als ein Euro mit 1,60 Dollar aufgewogen wurde. Die griechische Haushaltsschieflage hat nun dazu geführt, dass in diesen Tagen ein Zehn-Monats-Tief zum Dollar verzeichnet werden musste. Die kürzlich getroffene Einigung der 16 Euro-Länder, die Griechenland im Notfall Unterstützung zusicherten, scheint den Kursverfall jedoch gestoppt zu haben. Seit der Einigung zeigt der Euro Erholungstendenzen. (1)

Schweizer Franken und Japanischer Yen gewinnen an Boden

Die Schwäche des Euro an den Devisenmärkten dokumentiert sich auch in seinem Kurs zum Schweizer Franken. Hier scheint eine Trendwende, anders als beim Euro-Dollar-Kurs, derzeit noch nicht in Sicht. In diesen Tagen notierte der Euro bei 1,45 Schweizer Franken und mithin auf einem 17-Monats-Tief. In der Schweiz herrscht angesichts dieser Entwicklung die Besorgnis, dass sich Exporte in den Euroraum deutlich verteuern könnten. Die Schweizer Nationalbank (SNB) versucht darum, einer weiteren Aufwertung des Franken gegenüber dem Euro entgegenzuwirken. Devisenexperten gehen davon aus, dass die SNB bei einem weiteren Absinken des Euro auf 1,43 Schweizer Franken mit Stützungskäufen eingreifen werde. Sie vermuten überdies, dass die Aufwärtsbewegung des Franken durch Investoren mit verursacht ist, die auf diese Weise ein Eingreifen der SNB provozieren wollen. Würde der Euro unter die Marke von 1,43 Schweizer Franken, hätte er damit ein Allzeit-Tief erreicht. Skeptische Marktbeobachter glauben indessen, dass hiermit das Ende der Fahnenstange noch nicht erreicht wäre. Sie sehen den Euro im Herbst dieses Jahres sogar nur noch bei 1,40 Schweizer Franken.

Ähnlich stark hat sich der japanische Yen gegenüber dem Euro entwickelt. Derzeit ist Europas Währung schon für 1,20 Yen zu haben. Devisenexperten bewerten diesen Kurs als einen Meilenstein, der so schnell nicht mehr unterboten werden dürfte. Die genossenschaftliche DZ Bank sieht den Euro in zwölf Monaten bei 1,38 Yen. Noch 2008 mussten für einen Euro 1,70 Yen auf den Tisch gelegt werden. (2)

Britisches Defizit belastet das Pfund

Betrachtet man sich den Kurs des Britischen Pfunds, könnte das Lamentieren über den Euro auch als Jammern auf hohem Niveau bezeichnet werden. Die wirtschaftliche Lage in Großbritannien ist so schlecht, dass das Land, träte es der Eurozone bei, sofort der PIIGS-Gruppe zugerechnet werden müsste. Das Kürzel steht für die derzeit größten Defizitsünder in der Eurozone, nämlich Portugal, Italien, Irland, Griechenland und Spanien. Derzeit kostet ein Euro 0,89 Pfund. Gestartet ist die Gemeinschaftswährung 1999 bei 0,70 Pfund.

Im Januar dieses Jahres erreichte das britische Handelsbilanzdefizit mit acht Milliarden Pfund den höchsten Stand seit 17 Monaten. Der Internationale Währungsfonds (IWF) schätzt, dass London in den kommenden Jahren die Staatsausgaben um bis zu 13 Prozent des Bruttoinlandsproduktes kürzen muss, will das Land seine Haushaltslöcher stopfen. (3)

Spekulanten gegen den Euro?

Der Fall Griechenland und der niedrige Eurokurs haben die Frage aufgeworfen, ob es Spekulanten gelingen könnte, den Eurowert durch gezielte Aktionen nach unten zu ziehen. Immerhin hat sich gezeigt, dass Wetten gegen den Euro derzeit gerne abgeschlossen werden. Nach Informationen des International Monetary Market (IMM) sind rund 9,3 Milliarden Euro aktuell in Positionen investiert, die einen sinkenden Euro-Dollar-Kurs erwarten.

Währungsexperten geben gleichwohl Entwarnung. Sie sind sich darüber einig, dass der Währungsraum zu groß ist, als dass der Euro durch Spekulanten ins Schwimmen gebracht werden könnte. Devisenexperte Hans-Peter Burghof von der Universität Hohenheim sagt: Es gibt kaum einen Markt, der so transparent ist und auf dem so große Volumina bewegt werden, wie auf dem Devisenmarkt. Ich halte es für kaum möglich, dass einzelne Investoren die Volumina aufbringen können, um den Kurs zu manipulieren. Derzeit werden auf dem Devisenmarkt täglich zwei Billionen Euro umgesetzt. (4)

Einigung über Griechenland stützt die Gemeinschaftswährung

Die von den 16 Euro-Ländern getroffene Vereinbarung beinhaltet einen Notfallplan für Mitgliedsländer, die den Staatsbankrott aus eigener Kraft nicht mehr abwenden können. Die Übereinkunft, bei der sich die Bundeskanzlerin mit einem restriktiven Kurs durchsetzen konnte, hat sich sofort günstig auf den Euro-Dollar-Kurs ausgewirkt. Der Grund dafür ist, dass zunächst einmal, anders als befürchtet, kein einziger Cent nach Athen überwiesen werden wird. Dies würde erst passieren, wenn sich Griechenland nicht mehr am Kapitalmarkt mit Krediten eindecken kann. Kommt es so weit, würden die notwendigen Kredite von den Euro-Ländern zusammen mit dem Internationalen Währungsfonds begeben. Hierauf hatte die Bundeskanzlerin bestanden. Ihr Wunsch, chronische Schuldensünder aus der Eurozone hinauszuwerfen, wurde indessen von Frankreich und Großbritannien abgebügelt. (6)

Billiger Euro freut die Exporteure

Für die deutsche Exportwirtschaft bedeutet der schwache Euro kein Problem, sondern eine weitere Steigerung ihrer Wettbewerbsfähigkeit. Dies betrifft nicht nur Ausfuhren in die USA, sondern auch die nach China, weil dort häufig mit Dollar bezahlt wird. Die Exporte innerhalb der Euro-Zone, die für viele Branchen die wichtigsten Abnehmerländer stellt, sind von der Wechselkursentwicklung ohnehin nicht berührt. Die exportfördernde Wirkung des schwachen Euro nützt allen Volkswirtschaften in der Eurozone. So wurden die Industrien im März von einem regelrechten Boom erfasst. Die Unternehmen verzeichneten die stärkste Ausweitung des Exports seit November 2006. (8)

Trends

Astronomisch hohe Schulden

Die Schulden der europäischen Staaten haben ein Ausmaß erreicht, dass die Grenzen der Vorstellbarkeit sprengt. Insgesamt steht Europa bei seinen Gläubigern mit 8 000 Milliarden Euro in der Kreide. Allein in diesem Jahr müssen Europas Regierungen rund 1 450 Milliarden Euro auftreiben - zusätzlich zu den Steuereinnahmen - um ihre alten Schulden und die Haushaltslöcher zu finanzieren. Die USA müssen 2 500 Milliarden Dollar zusammenbekommen. (7)

Fallbeispiele

Europäische Zentralbank hilft Griechenland

Die Europäische Zentralbank (EZB) hat alte Prinzipien aufgegeben und kommt den schlingernden Griechen damit entgegen. So hat sie die Anforderungen an Sicherheiten, die Banken bei Finanzierungsgeschäften einreichen müssen, reduziert. Die Kreditinstitute dürfen nun über das Jahr 2010 hinaus Staatsanleihen mäßiger Qualität als Sicherheit hinterlegen, wenn sie sich bei der EZB refinanzieren wollen. Die Verlängerung dieser Ausnahmeregel hat sich sofort auf griechische Anleihen ausgewirkt, deren Kurs daraufhin anstieg. Die Regel war 2008 eingeführt worden, um den infolge der Finanzkrise angeschlagenen Banken eine sichere Refinanzierung zu ermöglichen. Experten glauben, dass das Ende der Regelung Griechenland sofort stark in Bedrängnis gebracht haben würde. Die EZB will die Maßnahme allerdings nicht als Griechenland-Hilfe verstanden wissen und betont stattdessen, dass sie allen Staatsanleihen im Euro-Raum zugutekomme. (5)

Weiterführende Literatur

(1) Griechen-Poker drückt Euro auf Zehn-Monats-

Tief
aus Spiegel Online, 24.03.2010

(2) Der Franken gibt nicht nach
aus Neue Zürcher Zeitung 18.03.2010, Nr. 64, S. 33

(3) Schlecht und schlechter: Euro und Pfund
aus Börsen-Zeitung, 23.03.2010, Nummer 56, Seite 17

(4) Wer trägt Schuld am Euro-Verfall?
aus Handelsblatt Nr. 054 vom 18.03.2010 Seite 42

(5) Banken dürfen Staatsanleihen minderer Qualität weiter beleihen
aus Frankfurter Allgemeine Zeitung, 26.03.2010, Nr. 72, S. 11

(6) Die Fragen von Brüssel Europa will Griechenland helfen - aber wie? Die wichtigsten Details der Einigung beim EU-Gipfel auf einen Blick
aus DIE WELT, 27.03.2010, Nr. 73, S. 3

(7) Wer die Staatspapiere kauft
aus Frankfurter Allgemeine Zeitung, 17.03.2010, Nr. 64, S. 12

(8) Billigerer Euro hilft deutschen Exporteuren
aus Rheinische Post Nr. 73 vom 27.03.2010

Impressum

Der Euro unter Druck - zur Freude der Exportwirtschaft

Bibliografische Information der deutschen Nationalbibliothek

Die Deutsche Nationalbibliothek verzeichnet diese Publikation in der deutschen Nationalbibliografie; detaillierte bibliografische Daten sind im Internet über http://dnb.d-nb.de abrufbar.

ISBN: 978-3-7379-1663-9

© 2015 GBI-Genios Deutsche Wirtschaftsdatenbank GmbH, Freischützstraße 96, 81927 München, www.genios.de

Alle Rechte vorbehalten. Dieses Werk ist einschließlich aller seiner Teile – z.B. Texte, Tabellen und Grafiken - urheberrechtlich geschützt. Jede Verwertung außerhalb der Grenzen des Urheberrechtsgesetzes bedarf der vorherigen Zustimmung des Verlags. Dies gilt insbesondere auch für auszugsweise Nachdrucke, fotomechanische Vervielfältigungen (Fotokopie/Mikroskopie), Übersetzungen, Auswertungen durch Datenbanken oder ähnliche Einrichtungen und die Einspeicherung und Verarbeitung in elektronischen Systemen.